SYLLABAIRE
DES ÉCOLES
et
DES FAMILLES.

3me édition.

A STRASBOURG,
Chez Ve BERGER-LEVRAULT & FILS.

A PARIS,	A MONTBÉLIARD,
Chez C. REINWALD.	Chez Charles BERGER.

1851

SYLLABAIRE

DES

ÉCOLES ET DES FAMILLES.

Se trouve aussi :

A MONTBÉLIARD, chez Ch. Berger.
A GENÈVE, chez MM.mes V.e Beroud et S. Guers.
A LAUSANNE, chez G. Bridel.
A NEUCHATEL, chez J. P. Michaud.
A LEIPSICK, chez E. F. Steinacker.
A FRANCFORT, à la librairie Jæger.
A STUTTGARDT, chez P. Neff.

SYLLABAIRE

DES

ÉCOLES ET DES FAMILLES.

Troisième édition.

STRASBOURG,
Chez V.ᵉ BERGER-LEVRAULT ET FILS, libraire, rue des Juifs, 33.
PARIS,
Dépôt général, chez C. REINWALD, libraire,
rue des Saint-Pères, 10.

1851.

I.

A	**B**	**C**	**D**	**E**
a	be	ke	de	e
F	**G**	**H**	**I**	**J**
fe	gue	he	i	je
K	**L**	**M**	**N**	**O**
ke	le	me	ne	o
P	**Q**	**R**	**S**	**T**
pe	ke	re	se	te
U	**V**	**X**	**Y**	**Z**
u	ve	xe	i	ze

II.

I J H L T

F E O Q U

C G D P B

R X V Y A

M N K Z S

III.

PA-PA	PO-LI
A-MI	JO-LI
DA-ME	RA-RE
RO-BE	FI-NI
LU-NE	LY-RE
CU-VE	VU-E
RA-VE	VI-E
BI-LE	MU-LE
LI-ME	A-NE
MI-DI	RI-DE
MA-RI	LA-ME
CA-VE	MO-DE
RI-VE	FI-XE
SO-FA	MI-NE
GA-ZE	BO-A

(4)

IV.

o x v s z i j
u c k y p q b
d e n m r l t
f h g a

a e i o u y
b c d f g h j
k l m n p q r
s t v x z

V.

cu-re	fa-ri-ne
tu-be	na-vi-re
to-me	pa-ro-le
ju-pe	pe-lo-te
ri-re	ma-la-de
li-re	ma-da-me
no-te	ca-ra-fe
a-me	to-pa-ze
a-mi-e	pe-lu-re
pa-na-de	bo-bi-ne
fi-gu-re	le-vu-re
tu-li-pe	na-tu-re
sa-la-de	i-do-le
na-ri-ne	so-li-de
sa-me-di	re-di-re

VI.

OR	la-ba-di-ne
il	DA-RI-US
IL-VA	ha-bi-tu-de
or-me	RI-DI-CU-LE
UR-NE	li-mo-na-de
ac-te	SO-LI-TU-DE
AR-ME	i-ta-li-e
il-ar-me	AL-LU-ME
AR-CA-DE	na-ri-ne
ar-mu-re	AD-MI-RE
OR-TI-E	il-ad-mi-re
al-co-ve	GA-LE-RI-E
IL-OR-NE	at-ti-tu-de
oc-ta-ve	CA-RA-BI-NE
AL-LU-RE	il-ar-ri-ve

VII.

L'Or	Vir-gu-le
Fil	Il-sor-ti-ra
Le-fil	Il-a-mor-du
Nil	Tar-dif
Nul	L'Or-ti-e
Coq	For-tu-ne
Lar-me	Ap-por-te
A-lar-me	L'Ar-ca-de
Cal-me	Le-gar-de
Jus-te	Il-gar-de
Col-mar	Cul-te
Le-mal	Il-por-te
A-ni-mal	Com-mu-ne
Por-te	L'Al-co-ve
Ac-tif	Cul-tu-re

VIII.

    e   é   è   ê

Do-ré	Co-lè-re
No-té	Lé-gu-me
Zé-lé	Mo-dè-le
A-mè-re	Ca-na-pé
Mo-dé-ré	Dé-pu-té
É-ga-li-té	La-vi-pè-re
A-mi-ti-é	Le-ca-rê-me
La-mè-re	Le-re-mè-de
La-bê-te	Le-mé-lè-ze
Le-rê-ve	Ar-ba-lè-te
Le-pè-re	É-co-no-me
Le-zè-le	Dé-fi-gu-ré
L'é-pi-ne	Ri-di-cu-le
La-tê-te	I-na-ni-mé

IX.

e se prononçant è

V*er*	*E*r-mi-te
V*er*-re	Li-b*er*-té
F*er*	Pi-*er*-re
*E*l-le	Li-*er*-re
A-m*er*	La-mi-*e*t-te
Fi-*er*	La-ru-*e*l-le
J*et*-te	Il-j*et*-te
Ap-p*e*l	*E*s-pa-ce
S*er*-re	Ap-p*e*l-le
Il-f*er*-re	*E*f-fa-ce
B*e*l-le	*E*l-le-fi-le
F*er*-me	Re-j*et*-te
Il-*er*-re	Re-b*e*l-le
Mi-*e*t-te	É-t*er*-nel

X.

a â, i î, o ô, u û

Bâ-le	Jé-rô-me
Pâ-te	La-co-mè-te
Il-a	U-ne-ro-be
Je-la-ve	Ma-no-te
Hâ-ti-ve	Mu-re
Il-s'é-ga-re	La-mû-re
Ti-mi-de	Sû-re
A-bî-me	La-cu-ve
Vi-te	Va-vi-te
J'é-vi-te	Il-a-dî-né
U-ne-bal-le	Il-é-vi-ta
I-mi-te	U-ne-li-me
Le-dî-né	Fi-Jé-rô-me
La-cô-te	Je-me-hâ-te
O-te	Il-a-bat-tu

XI.

ç se prononçant se
c se prononçant se devant e, i et y
h muette, h aspirée

Fa-ça-de	Hi-è-ne
En-de-çà	La-hi-è-ne
Il-a-re-çu	La-hu-re
Fa-ce	Re-cu-le
Ra-ci-ne	L'ar-ca-de
Ma-li-ce	So-ci-é-té
Mé-de-ci-ne	Do-ci-li-té
Cy-nis-me	Il-a-ga-ça
Hi-ver	Il-a-hé-ri-té
L'hi-ver	De-la-ci-re
Hu-mi-di-té	Le-ca-ma-ra-de
L'hu-mi-li-té	Il-a-a-per-çu
L'ha-bi-tu-de	El-le-a-re-çu

XII.

g se prononçant je devant e, i et y
s se prononçant ze entre deux voyelles

I-ma-ge	Vi-sa-ge
Le-ju-ge	L'u-sa-ge
L'o-ra-ge	So-ci-é-té
A-gi-le	So-li-tu-de
La-gê-ne	Ri-go-le
Sa-ges-se	La-fi-gu-re
L'é-ta-ge	Il-na-ge
Ti-sa-ne	Le-mé-na-ge
É-li-se	La-ce-ri-se
I-so-lé	Gym-na-se
Me-su-re	L'hé-ri-ta-ge
La-ro-se	Sur-la-ca-ge
Jo-su-é	Il-i-ma-gi-na

XIII.

eu, ou, an, in, on, un

Feu	In-di-go
Ne-veu	Le-sin-ge
Seul	Du-lin-ge
É-lec-teur	Con-cor-de
La-pâ-leur	Le-co-ton
Sou-ci	Le-par-don
A-mour	On-ze
Le-jour	Son-con-gé
La-voû-te	U-ni-on
Dé-vou-é	A-lun
An-ge	Le-lun-di
Le-van	La-dé-fun-te
L'An-se	Le-sou-ci
Le-can-ton	Un-bon-an-ge

XIV.

ai (prononcez é) J'ai-cou-ru
ai (è) Mai-re. Sa-lai-re
             J'ai-ai-mé-le-jeu
et (é) Pè-re-et-mè-re
             J'ai-lu-et-re-lu
est (è) Pi-er-re-est-sa-ge
ei (è) La-veine. La-pei-ne
au (ô) Au-ge. Jau-ne
             Il-est-au-jar-din
am (an) Jam-be. Ram-pe
em (an) L'em-bal-la-ge
             Em-blê-me. El-le
             est-em-bel-li-e
en (an) J'ai-en-jam-bé
             Il-est-en-tê-té

Ho-no-re-ton-pè-re-et-ta-mè-re

XV.

œu (prononcez eu) Le-vœu. L'œuf
J'ai-me-ma-sœur
im (in) Im-po-li. Im-pu-ni
L'im-pi-e-se-ra-pu-ni
om (on) Tom-be. Bom-be
Il-est-tom-bé-de-la-nei-ge
oi (oua) La-loi. Le-de-voir
La-foi-au-Sau-veur
y (ii) Pay-é. Noy-é
Ray-on. En-nuy-é
en (in) Moy-en. Ci-toy-en

J'ai-me-mon-Dieu. Car-il-est-bon, rem-pli-de-com-pas-si-on-et-de-mi-sé-ri-cor-de. J'o-bé-i-rai-à-sa-loi-d'a-mour.

XVI.

bl, br, cl, dr, gr, etc.

Li-bre	Pro-pri-é-té
Bra-ve	A-l'é-gli-se
Fran-ce	L'in-dus-tri-e
Frè-re	Pros-pé-ri-té
Tri-bu-ne	Pa-tri-o-tis-me
Pa-tri-e	Sa-cri-fi-ce
Peu-ple	La-gloi-re
Or-dre	La-grâ-ce
Mi-nis-tre	Pau-vre-frè-re-ta-
Fra-ter-ni-té	dé - tres - se - est-
L'a-gri-cul-teur	gran-de, je-se-rai-
	ton-pro-tec-teur

O-bé-ir-à-la-loi-est-le-de-voir-du-ci-toy-en. L'é-lè-ve-sa-ge-et-do-ci-le-à-l'or-dre-de-son-maî-tre-ar-ri-ve-ra-à-ê-tre-un-bon-ci-toy-en.

XVII.

ch, gn, ph

Chi-ca-ne	Ci-go-gne
A-char-né	Pro-phè-te
Che-mi-se	Phra-se
Chau-mi-è-re	La-stro-phe
Cha-ri-té	Phi-lo-so-phe
La-lâ-che-té	Ri-ches-se
La-li-gne	Il-ga-gna
Le-si-gnal	A-po-stro-phe
Di-gni-té	La-cha-pel-le
Ros-si-gnol	La-tâ-che

Le-Ci-el-se-ra-ma-de-meu-re-pour-l'é-ter-ni-té, si-j'ai-me-le-Sei-gneur-et-si-j'ai-me-mon-pro-ch(a)in.

XVIII.

ia, ié, iè, ui, ien, ieu, ion

Pia-no	Sou-tien
A-ca-cia	Gar-dien
Liè-vre	Dieu
Tiè-de	A-dieu
Le-pié-ge	Mi-lieu
La-pi-tié	Re-li-gion
Buis-son	Ques-tion
La-fui-te	Com-mis-sion
Sui-vre	Dia-cre
Nui-re	Mat-thieu

Dieu-est-le-roi-du-ciel-et-de-la-ter-re. La-re-li-gion-par-le-de-Dieu, de-sa-loi, du-che-min-à-sui-vre-pour-lui-plai-re.

XIX.

io, iai, iau, ian, oin, ouin, oê

Pio-che   Loin
Vio-lon   Té-moin
Liai-son   Bé-douin
Il-miau-le   Le-foin
Dé-fian-ce   La-con-fian-ce
Le-fian-cé   Poê-le
La-vian-de   Be-soin

Rien-n'est-ca-ché-à-l'É-ter-nel. Il-dé-cou-vre-de-loin-no-tre-pen-sée. Du-Ciel-où-il-ha-bi-te, il-li(t)-en-no-tre-cœur. L'É-ter-nel-re-gar-de-au-cœur. L'É-ter-nel-de-man-de-que-je-lui-don-ne-mon-cœur.

XX.

il, ille, ail, eil, ouil, etc.

A-vril   Fa-mil-le
Pa-ille   Deuil
Tra-vail   Or-gueil
Il-tra-vail-le Dé-pouil-lé
So-leil   Bouil-lon
Gro-seil-le OEil
An-guil-le Vo-lail-le

Ce-lui-qui-fer-me-son-o-reil-le-pour-ne-pa(s)-en-ten-dre-le-cri-du-mi-sé-ra-ble, crie-ra-aus-si-lui-mê-me, et-on-ne-lui-ré-pon-dra-poin(t).

Tra-vail-le-pour-toi, pour-ta-fa-mil-le, pour-le-pau-vre : Dieu-l'or-don-ne.

XXI.

ë, ï, ü, ti=si, emm=amm, ch=k

Is-ra-ël	Christ
Pa-ïen	Cham
Sa-ül	In-struc-tion
No-ël	La-na-tion
Mo-ï-se	É-mu-la-tion
E-sa-ü	Im-pru-dem-men(t)

Dieu-par-la-à-Mo-ï-se-sur-la-mon-ta-gne-de-Si-na-ï. Il-lui-don-na-sa-loi, a-fin-qu'il-la-fî(t)-con-naî-tre-à-Is-ra-ël. Dieu-nou(s)-a-par-lé, il-nou(s)-par-le-à-tou(s)-main-te-nan(t)-par-Jé-su(s)-Christ, son-fi(l)s-u-ni-q(u)e, no-tre-Sau-veur.

XXII.

Lettres qui ne se prononcent point ou qui changent de valeur.

En-fan(t) Pai(x)
As-sem-blé(e) Joy-eu(x)
O-bé-is-sez(sé) Pa-ri(s)
Les(lè)-pè-re(s) Le-san(g)
Jé-su(s) Blan(c)
Dra-p(e)au L'É-ta(t)

En-fan(ts), o-bé-is-sez-(sé)à-vo(s)-pè-re(s)-et-à-vos-mè-re(s)-en-tou-te(s)-cho-se(s); car-ce-la-est-a-gré-a-ble-au-Sei-gneur.

Ai-mez(mé)-vou(s)-les(lè)-un(s)-les-au-tre(s). Vou(s)-ê-te(s)-tou(s)-frè-re(s).

XXIII.

Lettres qui ne se prononcent point ou qui changent de valeur (Suite).

Nou(s)-ve-non(s)   Ar-mé(e)
Il(s)-croie(nt)   Ou-vri-er(é)
Com-man-de-men(t)   L'im-pô(t)
Pra-ti-quer(qué)   Un-doi(gt)
Le-dis-cour(s)   Le-res-pect (pè)
Gou-ver-ne-men(t)   Dé-voue-men(t)

Tu-ai-me-ra(s)-le-Sei-gneur-ton-Dieu-de-tou(t)-ton-cœur-et-ton-pro-ch(a)in-com-me-toi-mê-me.

Tou-te(s)-les-(lè)-cho-se(s)-que-vou(s)-vou-lez(lé)-que-les-hom-me(s)-vous-fas-se(nt)-fai-te(s)-les-leur-aus-si-de-mê-me.

XXIV.

Lettres qui ne se prononcent point ou qui changent de valeur (Suite).

(A)oû(t)　　　　Le-R(h)in
J'(e)u(s)　　　　La-lan-g(u)e
Co(i)-gné(e)　　Mon-cor(ps)
Vi-g(u)eur　　　Bé-ni(s)-les(lè)
Pa(o)n　　　　　Ai-mer (mé) - sa-
　　　　　　　　pa-trie

Cha-q(u)e-ma-tin, en-me-le-van(t), je-di-rai-à-mon-Dieu-q(u)e-je-veu(x)-l'ai-mer(mé), le-ser-vir, et-je-lui-de-man-de-rai-les(lè)-se-cour(s)-don(t)-j'ai-be-soin-pour-lui-ê-tre-fi-dè-le. Cha-q(u)e-soir-je-le-prie-rai-de-me-pro-té-ger(gé), de-me-bé-nir.

XXV.

Lettres qui ne se prononcent point ou qui changent de valeur (Suite).

Ou-i-dan*s*-le-Ciel-nous-a-von*s* no-tre-Pè-re, qu*i*-sou*s*-ses-yeu*x*-nou*s*-con-dui*t*-cha-que-jour, et-tou*s*-les(lè)-soin*s*-de-la-plu*s*-ten-dre-mè-re-son*t*-moin*s*-cons-tan*ts* que-son-fi-dè-le-a-mour.

C'e*st*-son-a-mour, c'e*st*-sa-mi-sé-ri-cor-de, qu*i*-jour-à-jour-nou*s*-com-ble-de-bien-fai*ts* ; il-nou*s*-pré-vien*t*-et-tou-jour*s*-nous-ac-cor-de-bien-au-de-là-de-nos-meil-leur*s*-sou-hait*s*.

XXVI.

Dieu et ses œuvres.*

il a fait	oi seaux
tou tes	les eaux
é clai rer	nom breu ses
œu vre	il rem plit
con tient	la pré sen ce
pois sons	el les sont

Dieu a fait tou tes cho ses. Il a fait le so leil pour é clai rer pen dant le jour; il a fait la lu ne et les é toi les pour é clai rer pen dant la nuit.

La ter re est l'œu vre de Dieu, la ter re et tout ce qui la cou vre; la mer aus si est

---

* On a placé en tête des premiers tableaux de lecture courante les mots difficiles qui s'y trouvent. L'enfant, après les avoir étudiés, aura moins de peine à saisir le texte.

l'œu vre de Dieu, la mer et tout ce qu'el le con tient.

Dieu a cré é les bê tes pour ram per, mar cher et cou rir sur la ter re. Il a cré é les oi seaux pour vo ler dans l'air. Il a cré é les pois sons pour na ger dans les eaux. Il a cré é l'hom me pour l'ai mer et pour le ser vir.

Les œu vres de Dieu sont gran des. Dieu est plus grand que ses œu vres. Dieu rem plit de sa pré sen ce et la ter re et les cieux. Lou ons Dieu, no tre Cré a teur! Lou ons Dieu, le Cré a teur de tou tes cho ses!

XXVII.

L'homme.

yeux	il meurt
o reil les	é ter nel le ment
lan gue	le vê te ment
tra vail ler	qua li té
les pieds	il nour rit
les corps	nous crai gnons

Dieu a don né à l'hom me des yeux pour voir ; il lui a don né des o reil les pour en ten dre, u ne bou che pour man ger, u ne lan gue pour par ler, des mains pour tra vail ler, des pieds pour mar cher.

L'hom me a un corps. L'hom me a u ne â me. Le corps pé rit. L'â me ne meurt point. En fants, si vous ai mez Dieu, si vous lui o bé is sez, vo tre â me i ra au près de Dieu; el le vi vra é ter nel le ment.

Nous re ce vons de Dieu la nour ri tu re, le vê te ment et tout ce qui est né ces sai re pour no tre corps. Dieu nour rit aus si nos â mes. Il les nour rit par sa pa ro le; il nous ac cor de la foi, la sa ges se; il nous ac cor de de tou tes les qua li tés que nous lui de man dons.

Dieu est bon; ai mons-le. Dieu nous ju ge ra; crai gnons-le. Ap pre nons à pri er Dieu du fond de no tre cœur, et nous se rons ses en fants, et il se ra no tre pè re.

XXVIII.

Une voix dans la nature.

ro sée   le feuil la ge
cam pa gne   é cou tez
ta pis   la voix
les mois sons   mieux
in nom bra ble   nous vou lons
à tra vers   vous fai tes

La ro se est bel le, quand el le s'ou vre pour re ce voir la ro sée du ma tin.

La cam pa gne est bel le, lors que el le mon tre à nos yeux son ri che ta pis de ver du re ou ses mois sons do rées.

Bel le est la voû te cé les te a vec ses in nom brables é toi les.

Bel les sont tou tes les œu vres de Dieu. La na tu re est bel le.

J'ai me à en ten dre le vent souf fler à tra vers le feuil la ge; il sem ble nous di re : en fants, é cou tez, Dieu vous par le.

J'ai me à en ten dre le ruis seau qui mur mu re; il a u ne voix pour lou er Dieu.

Quand vient à gron der le ton ner re, je trem ble; car u ne voix me crie : tu as pé ché; ne pè che plus.

Ah! nous vou lons mieux fai re; nous vou lons o bé ir à Dieu; nous vou lons le lou er.

Vous, pe tits oi seaux, ne lou ez-vous pas le Cré a teur, lors que vous fai tes re ten tir les airs de vos joy eu ses chan sons?

Vous, tou tes les œu vres de Dieu, ne cé lé brez-vous pas les lou an ges du Roi des Rois?

Lou ons Dieu tout d'u ne voix, nous ses cré a tu res im mor tel les! Lou ons l'É ter nel!

XXIX.

Les petits de la cigogne.

ci go gne
oi seau
long
nid
che mi nées

grand
vieil les
char gent
froid
pren nent

La ci go gne est un oi seau. La ci go gne a un long bec, de longs pieds. Les ci go-gnes font leurs nids sur les che mi nées. El les pren nent un grand soin de leurs pe tits. Quand les ci go gnes sont vieil les, et qu'el les ne peu vent plus cher cher leur nour ri tu re, leurs pe tits se char gent de ce soin ; ils leur ap por tent à man ger. Lors que tom be la ro sée, les pe tits de la ci go gne cou vrent de leurs ai les leur pè re et leur mère, pour les préserver du froid et de l'humidité. Si un homme, si un chien s'approche, ils prennent leurs parents sur leur dos et les transportent en lieu sûr. — L'enfant sage ne doit-il pas ressembler au petit de la cigogne, et prendre un tendre soin des auteurs de ses jours ?

XXX.

La poule.

man geons	prend
deux cents	eux
les œufs	froid
bout	ils ac cou rent
temps	oh

La pou le est con nue de tous les pe tits en fants com me un a ni mal fort u ti le. El le nous four nit les œufs que nous man geons. U ne pou le bien nour rie peut pon dre deux cents œufs par an née. Lors qu'on veut a voir des pous sins, on pla ce des œufs sous un e pou le. La pou le se tient sur les œufs pen dant vingt jours en vi ron; el le les cou ve. Au bout de ce temps, les pe tits pou lets sor tent de la co que. La mè re a lors prend d'eux un ten dre soin. El le leur cher che de la nour ri tu re. Si el le n'en trou ve pas, el le grat te la ter re avec ses on gles. Dès qu'el le a dé cou vert quel que cho se, el le ap pel le ses pe tits, qui ac cou rent aus si tôt. Par la pluie, par le froid, el le les ras sem ble sous ses ai les. Quand el le a per çoit un oi seau de proie, el le ex po se sa vie pour dé fen dre ses pous sins.

Chers en fants, lors que vous pen sez à la pou le et à ses pous sins, pen sez aus si à vos bon nes mè res, qui vous ai ment, vous soi gnent, qui s'im po sent pour vous des pri va tions. Oh! pen sez à la re con nais-san ce que vous leur de vez.

XXXI.

La petite glaneuse.

mois son neur   s'as seoir
im pa tien te   ils crient
temps   prends
es suy er   au près
tu tra vail les   le lit

Il est mi di. Le so leil brû le. Les moisson neurs se re po sent sous l'om bra ge. Mais la pe ti te Ma rie con ti nue à tra vail ler. El le est im pa tien te de voir son ta blier rem pli des é pis qu'el le trou ve ça et là au tour des ja vel les.

Ma rie ne prend point de re pos. El le ne par le ni ne joue. De temps en temps el le es suie la su eur qui cou vre son front.

« Pau vre pe ti te, qui tra vail les a vec
« tant d'ar deur pen dant la gran de cha leur

« du jour, tu as bien chaud, tu dois ê tre
« bien fa ti guée ! Pour quoi ne pas t'ar rê ter
« un ins tant ? Pour quoi ne pas t'as seoir
« au près des mois son neurs ? »

« M'as seoir ! Oh non ! ma pau vre mè re
« est ma la de au lit, trop fai ble pour fi ler
« ou cou dre. Mes pau vres pe tits frè res
« crient pour a voir du pain.

« Non, non ! je ne puis ni me re po ser,
« ni m'a mu ser, ni ri re. J'ai me mieux ê tre
« fa ti guée et a voir bien tôt mon ta blier
« rem pli. »

« Tiens, pe ti te Ma rie, prends cet te
« piè ce d'ar gent, et a chè te du pain. Tiens,
« pe ti te Ma rie , prends cet te ja vel le ,
« por te-la dans vo tre de meu re. Va te
« re po ser au près du lit de ta mè re. »

———

XXXII.

Les fourmis.

les pieds der riè re
four mi liè re ils tien nent
pré voy an ce lors que
sou ter rain es prit

Au lieu de fou ler aux pieds la four mi, chers en fants, ob ser vez ses voies; el le vous don ne ra des le çons de sa ges se.

La four mi est ac ti ve, la bo rieu se. Rare ment vous la voy ez en re pos. El le est plei ne de pré voy an ce. El le a mas se durant la mois son de quoi man ger pen dant la sai son ri gou reu se.

Re mar quez cet te pe ti te four mi qui s'ef for ce de traî ner un far deau plus lourd qu'el le. Ne pou vant y par ve nir, el le re-

gar de de tous cô tés pour ob te nir du se-
cours. U ne de ses com pa gnes l'a per çoit
et court à son ai de.

Sur un pe tit sen tier tor tu eux, à de mi
ca ché par des brins d'her be, voi là u ne
trou pe de four mis qui che mi nent, mar-
chant à la sui te les u nes des au tres. U ne
se con de trou pe s'a van ce par le mê me
che min, mar chant dans un sens op po sé.
Les deux trou pes vont se ren con trer. Se
fe ront-el les la guer re ? Non. Se dis pu-
te ront-el les l'hon neur de ne point quit ter
l'é troi te voie ? Non. Les u nes sont char-
gées ; les au tres ne le sont point : cel les-
ci se dé tour nent pour lais ser aux pre-
miè res li bre pas sa ge.

Quel or dre, quel bel ar ran ge ment dans
u ne four mi liè re ! Un grand nom bre d'ou-
ver tu res ser vent de por tes aux ha bi tants
du sé jour sou ter rain. Ces por tes sont ou-
ver tes le jour. La nuit, el les se fer ment,
et des sen ti nel les sont pos tées der riè re

pour a ver tir à la moin dre ap pa ren ce de dan ger. Plu sieurs ga le ries, com mu ni quant en tre el les, vont tou tes a bou tir à u ne gran de sal le où les four mis se tien nent or di nai re ment, et soi gnent leurs lar ves ou leurs œufs. U ne se con de sal le sert de gre nier pour les pro vi sions. Dans u ne au tre on dé po se les four mis mor tes.

Lors que, a près un temps plu vieux, le so leil luit de nou veau; les four mis pren nent leurs lar ves, et vont les ex po ser à ses ray ons bien fai sants, ay ant soin de les a bri ter con tre le vent. Tan dis que les u nes veil lent sur les œufs et les lar ves, d'au tres se met tent en cam pa gne pour al ler cher cher des pro vi sions. Par mi les four mis, cha cu ne ne tra vail le pas pour soi. Tou tes s'oc cu pent pour l'u ti li té com mu ne; et les pe tits des four mis sont aus si bien soi gnés par des é tran gè res que par leurs mè res.

En fants, soy ez ac tifs, la bo rieux com me la four mi; com plai sants et cha ri ta bles com me la four mi, bons les uns en vers les au tres com me les four mis. I mi tez leur es prit d'or dre, leur pré voy an ce.

XXXIII.

Le pauvre mendiant.

Le vent souffle ; il chasse la neige contre les fenêtres de la chaumière. Les voyageurs ont froid. Les petits oiseaux trouvent avec peine un abri parmi les arbres de la forêt.

Dans la chaumière un grand feu brille sur l'âtre. La bonne mère prépare le souper. Le père tient son petit garçon sur ses genoux. Deux autres enfants interrogent le père, assistent la mère, courent, s'amusent, sont joyeux.

Un léger bruit se fait entendre à la porte. Une main agite la targette. Une voix laisse échapper cette triste plainte :

« Je suis pauvre et sans asile. Mes regards, « affaiblis par l'âge, ne distinguent plus le « sentier. Le froid glace mon corps à travers « les haillons qui le couvrent. Mes genoux

« fléchissent. J'ai faim. Ayez pitié d'un pauvre « mendiant. »

Les enfants écoutent encore; mais le père déjà est à la porte. Le vieillard entre. Toute la famille s'empresse autour de lui. Son visage est pâle et défait. Sa marche est chancelante. Il n'a que des lambeaux pour vêtements. « Pauvre homme, prenez une place auprès « du feu. »

La douce flamme réchauffe les membres engourdis du vieillard. Les enfants prennent dans leurs mains ses mains demi-glacées. Le père cherche une boisson fortifiante. La mère prépare une bonne nourriture.

Le mendiant ne prononce aucune parole; mais ses yeux humides de larmes témoignent de sa reconnaissance.

Les enfants également sont silencieux; ils soupirent. Ils ont oublié leurs jeux, et cependant ils sont contents, oui, plus contents qu'auparavant.

XXXIV.

Cruauté envers les animaux.

Un jeune enfant trouvait son plaisir à torturer et à tuer les pauvres petites mouches. Il leur arrachait les pieds et les ailes, et observait avec une joie cruelle les efforts qu'elles faisaient pour lui échapper. Quelquefois il en réunissait un grand nombre, et les faisait périr toutes ensemble. Son père avait vainement cherché à lui faire perdre cette horrible habitude. Il ne pouvait pas lui persuader que les mouches souffrent aussi bien que nous, quand on les tourmente, et que, comme nous, elles ont des droits à la vie, à la liberté, au bonheur. Indocile et rebelle, l'enfant continuait toujours à faire la guerre aux mouches.

Le père alors prit un microscope, c'est-à-dire, une espèce de lunette qui grossit considérablement les objets, et il engagea son fils à observer à travers ce verre un animal qu'il lui dépeignit en le lui montrant. « Vois, » dit-il, « comme il est gentiment marbré de « noir et de blanc, et tout couvert de soies « d'une forme particulière. Ses yeux sont en-« tourés d'un beau cercle de poils argentés. « Les deux parties dont son corps est formé, « se replient avec grâce l'une sur l'autre. Les « ornements qui le couvrent surpassent en « beauté la richesse d'un habit royal. Re-« marque avec quelle agilité il met en mou-« vement ses petits pieds et ses ailes plus « transparentes que la gaze la plus légère. »

Étonné et réjoui, l'enfant demanda le nom de cet animal extraordinaire. Quelle fut sa confusion, lorsqu'il apprit que c'était une mouche. Il promit de ne plus maltraiter de si jolies petites bêtes. « Mon enfant, » dit le père, « je suis satisfait de ta résolution ; « mais j'aurais désiré qu'elle te fût inspirée « par le respect que l'on doit à toute créature « sensible, à toute œuvre de Dieu. »

XXXV.

Minette et Bijou.

Bijou était un gentil petit chien, bien fidèle à ses maîtres, et Minette était une jeune chatte, grande preneuse de souris.

Minette et Bijou, habitant sous le même toit, ne se querellaient pas comme chiens et chats ont l'habitude de faire; ils vivaient, au contraire, en parfaite intelligence.

Ils mangeaient dans le même plat. Ils couchaient sur la même natte. Ce n'était entre eux que douces caresses et jeux de bonne amitié. Minette poussait-elle un peu trop loin la plaisanterie, Bijou la supportait avec patience; et Bijou saisissait-il un peu rudement la patte de Minette, Minette n'en était nullement effrayée ni fâchée.

Lorsque la chatte revenait de faire chasse aux souris, elle regardait de tous côtés pour découvrir son compagnon, et quand le chien rentrait le premier au logis, il semblait inquiet jusqu'à ce qu'il vît paraître sa douce compagne.

Minette devint malade. Grand sujet de tristesse pour le pauvre Bijou. Il ne voulait plus quitter son amie. Il oubliait pour elle et ses jeux et la garde de la maison; il oubliait même de manger. Il se tenait constamment à ses côtés, suivant chacun de ses mouvements avec des yeux humides de larmes.

La chatte ayant cessé de vivre; on l'enterra près de la maison, et Bijou alla pleurer sur sa tombe. On voulut l'en arracher; il y retourna. On essaya de l'enfermer; il fit entendre de si tristes hurlements, qu'on cessa de le contraindre.

Le pauvre Bijou expira de douleur et de faim sur le tertre qui couvrait le corps de son amie. On rouvrit la fosse, et ils reposèrent l'un à côté de l'autre sous la terre.

Chers enfants, comprenez-vous la leçon que vous offre cette histoire? Aimez-vous vos frères et vos sœurs? aimez-vous vos camarades, comme Minette aimait Bijou, comme Bijou aimait Minette? Minette et Bijou ne connaissaient point Dieu; vous, vous le connaissez. Chers enfants, aimez-vous les uns les autres; mais craignez d'offenser Dieu. Et, quand vous viendrez à perdre l'un de ceux qui vous sont chers, loin d'imiter le désespoir de Bijou, soyez consolés par la Parole du Seigneur, et confiez-vous en Celui qui ressuscite les morts.

XXXVI.

La brebis.

La brebis rend de grands services à l'homme. Elle lui fournit de la laine, pour se couvrir en hiver de chauds vêtements. Elle lui donne du lait, d'où l'on tire de bon fromage. Avec la peau de la brebis se fabriquent plusieurs sortes de cuirs. Avec sa graisse on fait des chandelles. La chair de la brebis est une excellente nourriture pour l'homme.

La brebis est d'un naturel doux et paisible. Elle se laisse tondre sans résistance. On la frappe, et elle ne se défend pas. On la fait mourir, et elle n'ouvre point la bouche.

Les agneaux sont les petits de la brebis. Que j'aime à voir les tendres agneaux lorsqu'ils bondissent sur la verte prairie! Ils tombent, et ne se font aucun mal : un doux tapis de verdure les reçoit. Sont-ils fatigués, le berger les prend dans ses bras, et les porte auprès de leurs mères.

Le berger est le conducteur des troupeaux de brebis et d'agneaux. Il les garde contre les attaques des loups. Il les conduit le long des eaux tranquilles et dans de gras pâturages. Quand une brebis s'est égarée, il la poursuit jusqu'à ce qu'il la retrouve. Lorsqu'un agneau s'écarte, il envoie son chien fidèle, ou bien avec sa houlette il jette une petite motte de terre, et l'agneau rentre parmi le troupeau.

Dans l'Écriture sainte il est souvent question de brebis et d'agneaux. Les rachetés de Jésus-Christ sont appelés ses brebis. Si vous l'aimez, mes enfants, vous serez ses agneaux, et il sera votre bon berger. Jésus est le bon berger; il a donné sa vie pour ses brebis et pour ses agneaux. Voilà pourquoi il est appelé l'agneau de Dieu, qui ôte les péchés du monde. Il a été conduit à la tuerie comme un agneau et comme une brebis muette devant celui qui la tond; même il n'a pas ouvert la bouche.

XXXVII.

L'enfant égaré.

La nuit était sombre. Le soleil, depuis longtemps avait éteint ses derniers rayons sur les bords de l'horizon. Aucune étoile ne brillait au ciel.

D'épais nuages s'étaient peu à peu étendus sur toute la voûte du firmament. Le tonnerre grondait dans le lointain, et l'éclair ne semblait briller de temps en temps dans la nue que pour rendre ensuite l'obscurité plus profonde.

Seul, au milieu de cette sombre nuit, tout tremblant au bruit du tonnerre et pénétré d'effroi par la subite clarté des brillants éclairs, un pauvre enfant courait çà et là dans la campagne déserte; il pleurait, il se lamentait; il avait perdu le sentier.

Pauvre enfant! qu'adviendra-t-il de toi?

La cloche du soir a sonné. Chacun repose sous son toit; chacun, du reste, craint l'orage. L'orage va éclater. Les vents bientôt se déchaîneront, et les torrents se déborderont; les torrents t'entraîneront. Pauvre enfant! pauvre petit enfant!

L'enfant a cessé de crier. Le courage lui manque; les forces l'abandonnent; il tombe épuisé par la faim, la fatigue et l'effroi. Pauvre enfant! pauvre petit enfant!

Soudain une lumière paraît dans le lointain. Ce n'est point la lumière de l'éclair: c'est un flambeau qu'agite une tremblante main. La lumière s'approche, mais l'enfant ne l'aperçoit point. La lumière arrivera-t-elle jusqu'à lui.... ou bien l'enfant doit-il périr?

Heureux enfant! C'est ton frère; un tendre père te l'envoie. Il n'a pas craint de s'exposer au danger pour te secourir. Le voilà qui s'approche. Il t'aperçoit; il te tend les bras; sa douce voix t'appelle. Pourquoi ne réponds-tu pas?

L'enfant n'entend point la voix de son libérateur. Il reste insensible à ses caresses. Ses paupières sont closes. Aucun mouvement ne s'aperçoit dans ses membres. Cependant il respire encore.

Que faire? Où chercher assistance? Toute habitation est éloignée, et l'orage est proche; l'orage va éclater!

Le frère dévoué n'hésite point. Le tremblement, il est vrai, a saisi son âme, et son corps est affaibli par une longue marche. Mais il ne considère que le danger du jeune enfant; l'espoir de l'arracher à la mort ranime son courage et ses forces. Il le prend dans ses bras, et, chargé du précieux fardeau, il se dirige du côté de leur demeure.

Cependant le tonnerre gronde avec plus de violence. Les éclairs commencent à se succéder sans interruption. Un vent furieux de tempête se lève.

Le jeune homme précipite ses pas; il court, sans jamais s'arrêter pour reprendre haleine.

Le voilà arrivé près de l'habitation. La porte s'ouvre; il entre, et.... tombe mort en franchissant le seuil.... Son frère fut sauvé.

———

Pensez quel dut être l'état du pauvre enfant, lorsque, revenant à la vie, il apprit ce qu'il en avait coûté à son frère pour la lui conserver? Vous figurez-vous ses cris, ses larmes, ses gémissements! Hé bien, chers enfants, ce qu'un frère a fait pour son frère, votre Sauveur l'a fait pour vous.

Vous étiez égarés, perdus. La mort éternelle allait être votre partage; vous l'aviez méritée par vos péchés. Votre Père céleste a eu pitié de vous; il a envoyé son fils au monde pour vous sauver. Jésus a quitté sa demeure de gloire; il a quitté le Ciel, afin de venir vivre, souffrir et mourir pour vous. En expirant sur la croix, il vous a rouvert la porte du Ciel. Vous êtes sauvés, mes enfants. Au lieu d'aller en enfer, c'est dans le paradis que vous irez. Dès maintenant, si vous croyez du fond de vos cœurs en Jésus, dès maintenant vous êtes logés à l'ombre du Tout-Puissant et dans la demeure du Souverain. Oh! songez bien souvent à ce qu'il en a coûté au Fils de Dieu pour vous racheter. Voyez-le, venant au monde dans la bassesse, vivant dans la pauvreté et le mépris; voyez-le injustement condamné, puis battu de verges, couronné d'épines; voyez-le, souffrant en Gethsémané des angoisses inexprimables, et répandant son sang sur la croix. C'est pour vous qu'il a souffert, qu'il est mort. Ah! chers enfants, refuserez-vous d'aimer le Sauveur?

Alphabets en caractère d'écriture.

a b c d e f g h i j
k l m n o p q r s t
u v w x y z

A B C D E
F G H I K
L M N O P
Q R S T U
V W X Y Z

0 1 2 3 4 5 6 7 8 9

GRAND LIVRET

1 fois 0 fait 0	4 fois 0 font 0	7 fois 0 font 0	10 fois 0 font 0
1 — 1 — 1	4 — 1 — 4	7 — 1 — 7	10 — 1 — 10
	4 — 2 — 8	7 — 2 — 14	10 — 2 — 20
	4 — 3 — 12	7 — 3 — 21	10 — 3 — 30
	4 — 4 — 16	7 — 4 — 28	10 — 4 — 40
	4 — 5 — 20	7 — 5 — 35	10 — 5 — 50
	4 — 6 — 24	7 — 6 — 42	10 — 6 — 60
	4 — 7 — 28	7 — 7 — 49	10 — 7 — 70
	4 — 8 — 32	7 — 8 — 56	10 — 8 — 80
	4 — 9 — 36	7 — 9 — 63	10 — 9 — 90
	4 — 10 — 40	7 — 10 — 70	10 — 10 — 100
	4 — 11 — 44	7 — 11 — 77	10 — 11 — 110
	4 — 12 — 48	7 — 12 — 84	10 — 12 — 120
2 fois 0 font 0	5 fois 0 font 0	8 fois 0 font 0	11 fois 0 font 0
2 — 1 — 2	5 — 1 — 5	8 — 1 — 8	11 — 1 — 11
2 — 2 — 4	5 — 2 — 10	8 — 2 — 16	11 — 2 — 22
2 — 3 — 6	5 — 3 — 15	8 — 3 — 24	11 — 3 — 33
2 — 4 — 8	5 — 4 — 20	8 — 4 — 32	11 — 4 — 44
2 — 5 — 10	5 — 5 — 25	8 — 5 — 40	11 — 5 — 55
2 — 6 — 12	5 — 6 — 30	8 — 6 — 48	11 — 6 — 66
2 — 7 — 14	5 — 7 — 35	8 — 7 — 56	11 — 7 — 77
2 — 8 — 16	5 — 8 — 40	8 — 8 — 64	11 — 8 — 88
2 — 9 — 18	5 — 9 — 45	8 — 9 — 72	11 — 9 — 99
2 — 10 — 20	5 — 10 — 50	8 — 10 — 80	11 — 10 — 110
2 — 11 — 22	5 — 11 — 55	8 — 11 — 88	11 — 11 — 121
2 — 12 — 24	5 — 12 — 60	8 — 12 — 96	11 — 12 — 132
3 fois 0 font 0	6 fois 0 font 0	9 fois 0 font 0	12 fois 0 font 0
3 — 1 — 3	6 — 1 — 6	9 — 1 — 9	12 — 1 — 12
3 — 2 — 6	6 — 2 — 12	9 — 2 — 18	12 — 2 — 24
3 — 3 — 9	6 — 3 — 18	9 — 3 — 27	12 — 3 — 36
3 — 4 — 12	6 — 4 — 24	9 — 4 — 36	12 — 4 — 48
3 — 5 — 15	6 — 5 — 30	9 — 5 — 45	12 — 5 — 60
3 — 6 — 18	6 — 6 — 36	9 — 6 — 54	12 — 6 — 72
3 — 7 — 21	6 — 7 — 42	9 — 7 — 63	12 — 7 — 84
3 — 8 — 24	6 — 8 — 48	9 — 8 — 72	12 — 8 — 96
3 — 9 — 27	6 — 9 — 54	9 — 9 — 81	12 — 9 — 108
3 — 10 — 30	6 — 10 — 60	9 — 10 — 90	12 — 10 — 120
3 — 11 — 33	6 — 11 — 66	9 — 11 — 99	12 — 11 — 132
3 — 12 — 36	6 — 12 — 72	9 — 12 — 108	12 — 12 — 144

www.ingramcontent.com/pod-product-compliance
Lightning Source LLC
LaVergne TN
LVHW021740080426
835510LV00010B/1301